RÉPONSES

DES *Propriétaires Associés dans l'acquisition des Quinze-Vingts, aux Réflexions du S^r. Kornmann.*

LE sieur Kornmann débute, dans ses Réflexions, par cette phrase :

« Un nouvel ennemi, s'associant à la troupe de ceux que j'ai combattus, paroît sur la scene. C'est le sieur Seguin, qui, se couvrant du nom de la Compagnie des Quinze-Vingts, a publié récemment contre moi des Observations qu'il appelle *préliminaires* ».

RÉPONSE.

Reprenez vos sens, M. Kornmann ; & si vous ne pouvez vous mettre d'accord avec vous-même, au moins rendez-vous intelligible au Public, au jugement duquel vous avez soumis le premier Libelle que vous avez fait imprimer.

Le sieur Seguin n'est point un nouvel ennemi, & il n'est point du nombre de ceux que vous avez combattus, en supposant que vous en ayez combattu quelques-uns ; mais il est du nombre de ceux que vous avez nommés.

Vos imputations étant étrangeres à l'affaire des Quinze-Vingts, il importe peu à la Société que vous ayez tort ou

A

raison avec toutes les personnes que vous accusez ; mais il ne lui est pas indifférent de garder le silence sur les affreuses calomnies que vous osez imprimer dans un Libelle qui ne devoit, dans le fait, avoir pour objet que ce qui peut être relatif à l'affaire que vous suivez contre la Dame votre épouse, & dans laquelle vous êtes enfin forcé de convenir que vos Associés dans l'acquisition des Quinze-Vingts ne peuvent & ne doivent avoir aucune part.

Si vous oubliez, M. Kornmann, ce que vous avez écrit & imprimé dans le Libelle par vous signé, page 45 & suivantes, page 60, & enfin la note odieuse par laquelle vous avez terminé ce Libelle, c'est un grand malheur à ajouter à tous ceux dont vous vous plaignez ; mais nous ne pouvons vous pardonner ce défaut de mémoire. Vous nous apostrophez de la façon la plus injurieuse & la plus atroce. Nous ne vous avions pas attaqué ; & ce n'est point pour nous mêler dans une affaire qui ne peut nous regarder, que nous avons fait imprimer nos Observations préliminaires ; mais seulement pour écarter, par la force de la vérité, les voiles impénétrables dont vous vous efforcez de la couvrir.

C'est moins pour justifier ces Observations préliminaires, qu'il vous plaît de qualifier de Pamphlet des sieurs Seguin & Dubois, que pour donner au Public la possibilité de mettre dans un juste équilibre, & vos mensonges avancés avec l'assurance de la conscience la plus épurée, & la plus pure vérité présentée par vos Associés, sans le secours de la plus foible éloquence, que nous allons aujourd'hui répondre à la feuille imprimée sous votre seule signature, sans nom d'Imprimeur, & à laquelle nous ne prendrons pas la peine de donner aucune dénomination.

Vous n'avez, dites-vous, pour détruire l'impreſſion que nos Obſervations ont pu faire, qu'un mot à dire à vos Lecteurs, & ce mot eſt, que c'eſt vous qui pourſuivez actuellement au Châtelet l'Entrepreneur Montigny, coupable de vous avoir fauſſement accuſé, à notre inſtigation, d'avoir détourné pour environ 92,000 liv. de matériaux deſtinés aux bâtimens des Quinze-Vingts. Ce ſont des mots, & le Public ne change pas d'opinion ſur des phraſes. Nous allons le ſervir ſuivant ſes vœux; & nous faiſons imprimer avec ces réponſes, la déclaration faite par Montigny, devant Me. Aubert, Notaire, le 27 Mai 1783. Le décret qui a été lancé contre vous le 11 Mai 1785, votre réglement à l'extraordinaire, les aſſignations en récolement & confrontations qui vous ont été données les 20 Mai, 23 Juin, 20, 23 Août 1785, & 10 Mars de la préſente année 1787, le tout à la requête de vos Aſſociés, qui ſuivent ſeuls & comme étant les ſeuls plaignans & accuſateurs, le Procès criminel contre Montigny, Navault, Muly, Carle, dit l'Eſpérance, & contre vous, M. Kornmann; Procès qui, ſans pluſieurs contumaces, dont l'inſtruction a occaſionné des délais, ſeroit en état d'être rapporté.

C'eſt vous auſſi qui provoquez, dites-vous, au Tribunal des Economats, l'inſtruction contre le ſieur Seguin. C'eſt vous qui demandez le compte de ſon adminiſtration. C'eſt vous qui voulez porter le jour dans une affaire ténébreuſe qu'il s'efforce d'obſcurcir. C'eſt vous qui par-tout ſollicitez contre lui la juſtice qui vous eſt due, & que malgré ſes manœuvres on ne vous refuſera pas.

Que de peines ! que de menfonges, pour n'abufer qu'un moment de la patience de vos Lecteurs ! Et quelle fera leur indignation, lorfque par la lecture de vos Requêtes, par la lecture des Pieces jointes au Mémoire des Affociés, ces mêmes Lecteurs connoîtront qu'en Octobre 1780, notre Affocié, le fieur Seguin, a rendu fon compte ; qu'il vous en a remis le reliquat, dont vous avez donné votre quittance ; que vous avez enfuite été le Tréforier de la Compagnie, depuis le mois d'Octobre 1780 jufqu'au mois de Juillet 1782 ; qu'après vous, le fieur Ravault, autre Affocié, a été nommé Tréforier, par délibération du 12 Septembre 1782, & qu'il a exercé depuis votre fortie jufqu'au mois de Juillet 1783 ; que depuis le mois de Juillet 1783 jufqu'en Janvier 1784, M. De la Croix, par délibération de la Compagnie du 18 Octobre 1783, a exercé la place de Tréforier ; que depuis le premier Janvier 1784 jufqu'au mois d'Avril 1785, le fieur Bonnard, aujourd'hui chargé de vos pouvoirs & de votre confiance, tant en qualité de fondé de procuration des Entrepreneurs, délégataires de tous les loyers dès le mois de Septembre 1783, que comme Tréforier de la Compagnie, nommé par délibération du 27 Mai 1784, a touché feul l'univerfalité des loyers ; & qu'enfin, depuis le mois d'Avril 1785 jufqu'au premier Mars 1787, le fieur Rouffeau, Tréforier, nommé par délibération du 28 Décembre 1784, a fait feul la recette des loyers & revenus de la Société. D'après ces faits, que nous atteftons vrais, que nous prouverons par les pieces les plus authentiques & par les comptes de ces différens Tréforiers, comment ofez-vous avancer que vous provoquez au Bureau des Economats l'inftruction contre le sieur Seguin, qui, n'ayant fait aucune recette pour sa Compagnie, n'est comptable de rien envers elle, & bien moins encore envers vous.

Le reste de votre Ecrit, M. Kornmann, est si pitoyable, si dénué même de probabilités, qu'il ne mérite pas d'être provisoirement discuté; & nous remettons à dévoiler les faussetés & les absurdités qu'il contient, dans le Mémoire que nous avons annoncé, & dans lequel nous ferons connoître le zele & le désintéressement avec lesquels M. Dubois, notre Procureur, a dans tous les temps défendu nos intérêts.

Nous finirons ici par un détail qui fera sûrement connoître au Public le motif de la haine qu'il paroît que vous avez vouée au sieur Seguin, qui, depuis votre faillite, a sacrifié son temps, son travail & les soins les plus assidus, pour rétablir les affaires d'une Société que votre administration & les bruits injurieux que vous avez dès-lors répandus contre elle, avoient mise à deux doigts de sa perte.

Au mois d'Août 1782, lors de votre faillite, des Lettres imprimées, répandues dans le public, annonçoient que la premiere cause de cette faillite étoient principalement les avances que vous aviez faites pour la Société des Quinze-Vingts. Il n'avoit pas été imprimé, mais il avoit été répandu sourdement dans le public, que la seconde cause de cette faillite étoient les fonds que le sieur Seguin avoit puisés dans la caisse Kornmann, pour remplir le vide de celle de Monseigneur le Duc de Chartres, vide qui n'a jamais existé. La calomnie se répand avec promptitude; elle s'étend & se perpétue à l'infini; & nous ne sommes pas fâchés, pour l'honneur du sieur Seguin, de trouver ici l'occasion de dissuader aujourd'hui une partie du Public qui tient encore pour l'affirmative.

Le 5 Août 1782, votre maison, M. Kornmann, devoit payer une somme de 300,000 livres, montant de différens billets souscrits à l'ordre du sieur Seguin, pour valeur remise en écus à la caisse de votre maison. Le sieur Seguin avoit passé ces billets en payement à différentes personnes. Votre faillite avoit précédé de quelques jours l'échéance de ces billets, qui furent tous protestés faute de payement, & que le sieur Seguin fut obligé d'acquitter, pour l'honneur de sa signature.

Le sieur Seguin vous fit assigner aux Consuls. C'eût été alors le moment de demander la compensation du montant de ces billets, avec les sommes puisées à votre caisse pour le compte personnel du sieur Seguin, s'il eût été vrai qu'il eût eu, en aucun temps, recours à cette caisse. C'eût même été le moment, s'il eût été vrai que vous eussiez été en avance pour la Société des Quinze-Vingts, de demander que le sieur Seguin, actionnaire de cinq sols dix deniers & demi dans les quarante sols dont elle étoit composée, fût tenu de compenser ou déduire sur le montant des billets dont il réclamoit le payement, ce dont il étoit de droit contribuable dans le remboursement de vos avances, à raison de ses actions dans la Société. Mais comme l'un & l'autre fait ne devoit son existence qu'à votre méchanceté, vous n'osâtes vous en faire un moyen dans un Tribunal où les faits ne sont point admis sans preuves : mais vous hazardâtes un autre moyen, qui, plus captieux que vos calomnies, n'eut cependant pas un meilleur succès ; puisque la Sentence rendue en la Chambre du Conseil des Consuls, le 30 Août 1782, ordonnant la représentation des livres de caisse de votre maison, vous força enfin à prendre des arrangemens pour le payement du montant de ces billets, qui fut effectué au mois de Juillet 1783.

Il est précieux d'instruire le Public du fait qui a donné lieu à la Sentence qui a ordonné la représentation des livres de caisse : sans nous permettre à ce sujet la moindre réflexion, il saura apprécier le pompeux étalage de votre vertu & de votre exactitude.

La maison Kornmann avoit été chargée d'une opération, de laquelle il a résulté qu'il a été versé à sa caisse la somme de 600,000 livres. Le sieur Guillaume Kornmann, au nom de sa maison, avoit traité cette opération ; & par le compte arrêté avec la maison Kornmann, il restoit à payer pour solde une somme de 347,000 livres. N'ayant pas besoin de ces fonds, il fut convenu qu'ils resteroient à la caisse de la maison Kornmann, qui feroit seulement des billets à l'ordre du sieur Seguin pour lesdites 347,000 liv. aux échéances & dans le nombre convenus entre le sieur Seguin & la maison Kornmann ; au moyen de quoi le sieur Seguin donna sa quittance valeur reçue en billets Kornmann ; savoir, tant à telle échéance, montant à telle somme ; & tant à telle autre échéance, montant à telle autre somme, complétant les 347,000 livres ; à ce moyen le compte des 600,000 livres fut arrêté & signé avec la maison Kornmann.

Le sieur Seguin ignoroit alors qu'il y eût deux signatures pour cette maison, l'une qui obligeât la maison solidairement, & l'autre qui n'obligeoit que le sieur Guillaume Kornmann seul : les billets qui lui avoient été remis, n'étoient signés que Guillaume Kornmann ; & il ne connut la différence des signatures, qu'après la faillite, en Août 1782.

Il fit, comme on l'a dit, assigner Pierre-Frédéric & Guillaume Kornmann, pour le payement des billets protestés : ce fut alors que Pierre Frédéric prétendit que les billets n'étant signés que de Guillaume Kornmann, ils lui étoient personnels, & ne pouvoient être à la charge de la maison Kornmann. Heureusement le sieur Seguin avoit, & a encore le compte arrêté avec la maison Kornmann ; heureusement la quittance qu'il avoit donnée des 347,000 l. étoit motivée, valeur en billets Kornmann. Il produisit ce compte, demanda la représentation de sa quittance, & celle des livres de caisse de la maison Kornmann : c'est ce qui fut prononcé par la Sentence ; c'est ce que la maison Kornmann n'a pas jugé à propos d'exécuter ; & c'est enfin ce qui a déterminé le payement du montant des billets protestés.

Au surplus, nous déclarons que pour ne pas fatiguer l'attention du Public, quelques Libelles qu'il plaise au sieur Kornmann de répandre, notre seule réponse sera la publicité du Mémoire que nous avons annoncé par nos Observations préliminaires.

Par délibération des Propriétaires Associés, du 28 Juin 1787.

DUBOIS, Procureur au Châtelet.

PIECES

PIECES JUSTIFICATIVES.

Aujourd'hui est comparu devant les Conseillers du Roi, Notaires à Paris, soussignés :

Sieur Louis Douet de Montigny, Entrepreneur de bâtimens, demeurant à Paris, rue de Valois, Paroisse Saint-Germain l'Auxerrois ;

Lequel a, par ces présentes, déclaré qu'au mois de Janvier mil sept cent quatre-vingt, il a été choisi par le sieur Le Noir, Architecte, pour l'inspection & la conduite de toutes les constructions & travaux qui devoient se faire sur les terreins & enclos achetés de l'Hôpital général des Quinze-Vingts ; & que ce choix ayant été agréé par MM. les Associés pour ladite acquisition, il avoit inspecté & conduit lesdits ouvrages à raison des appointemens qui lui avoient été accordés par la Compagnie jusqu'au premier Janvier mil sept cent quatre-vingt-un.

Qu'à cette époque, les Associés, satisfaits de ses soins & de ses travaux, avoient, par une délibération, fixé le sort du sieur comparant, & outre ses appointemens à raison de trois cents livres par mois, lui avoient accordé, sans faire fonds, un intérêt de six deniers dans ladite entreprise, aux termes & sous les conditions exprimées en ladite délibération.

Que depuis il a continué les travaux avec le zele & les soins qu'il devoit à la Compagnie ; mais qu'en l'an-

B

née mil sept cent quatre-vingt-un, il a été chargé par MM. Kornmann freres, de la reconstruction d'une maison située rue de Richelieu, appelée les Ecuries de Madame la Duchesse d'Orléans, sous la conduite de M. Le Noir, Architecte.

Que les reconstructions & réparations qui ont été faites dans cette maison, l'ont été par les Ouvriers & avec les matériaux appartenans à MM. les Associés des Quinze-Vingts. Que ledit sieur comparant, croyant que l'acquisition de cette maison avoit été faite au nom de la Société, il n'avoit point hésité de comprendre dans ses rôles au compte de la Société, les ouvrages relatifs à la construction de la maison rue de Richelieu, & qu'il a été confirmé dans cette opinion, lorsqu'il a vu que M. Kornmann acquittoit lesdits rôles, & les portoit en entier en dépense, au compte de MM. les Associés.

Qu'au mois d'Août mil sept cent quatre-vingt-deux, MM. Kornmann ayant cessé leurs payemens, les ouvrages de la rue de Richelieu ont été par suite suspendus; qu'alors il avoit très-clairement reconnu que l'acquisition de la maison rue de Richelieu étoit personnelle à MM. Kornmann, & que MM. les Associés des Quinze-Vingts n'y avoient aucun intérêt : qu'il s'est alors empressé d'instruire MM. les Associés de ce qui s'étoit passé dans la construction de cette maison; qu'il a reçu des ordres de faire avec la plus scrupuleuse exactitude le relevé de toutes les sommes payées aux Ouvriers & Entrepreneurs de toute nature, pour la maison de la rue de Richelieu, avec les fonds de la caisse de la Société des Quinze-Vingts, & comme tels, compris dans la dépenfe faite par M. Kornmann pour le compte de la Société : qu'il s'eſt livré à cet ouvrage avec tous les foins & l'exactitude qui ont dépendu de lui ; & qu'aujourd'hui, voulant publiquement rendre hommage à la vérité, & mettre MM. les Aſſociés pour l'acquiſition des Quinze-Vingts en état de fe faire tenir compte des fommes forties de leur caiſſe, & employées par ordre de MM. Kornmann à des conſtructions qui n'ont pas fait partie de leur Société, il a requis les Notaires fouſſignés de joindre & annexer à ces préfentes, l'état détaillé, circonſtancié, & qu'il certifie véritable ; des différentes fommes payées aux Ouvriers & Entrepreneurs des conſtructions de la maiſon rue de Richelieu, avec les fonds de la caiſſe des Quinze-Vingts : ledit état divifé en deux parties, l'une contenant le payement des ouvrages de maçonnerie & matériaux y relatifs, compris & faifant partie des rôles arrêtés par la conſtruction au compte de la Compagnie des Quinze-Vingts, & montant à foixante-cinq mille fept cent foixante-feize livres cinq fols fept deniers : & la deuxieme partie contenant les payemens faits aux différens Entrepreneurs, également avec les fonds de la Société des Quinze-Vingts, & dont le montant fait partie des fommes portées en dépenfe au compte de la Société des Quinze-Vingts ; lefquels payemens fe portent à la fomme de vingt-fept mille livres ; revenant lefdites deux fommes en total à celle de quatre-vingt-douze mille fept cent foixante-feize livres cinq fols fept deniers.

Et font lefdits deux états enfuite l'un de l'autre, & fur une feule & même feuille de papier à la telliere de

France, demeurés annexés à la minute des présentes, après avoir été dudit sieur comparant signés & paraphés en présence des Notaires soussignés.

Dont & de tout ce que dessus a été accordé acte audit sieur comparant, pour servir & valoir ce que de raison.

Fait & passé à Paris en l'Etude l'an mil sept cent quatre-vingt-trois, le vingt-sept Mai avant midi, & a signé la minute des présentes, demeurée en la possession de Maître Aubert, l'un des Notaires soussignés.

Suit la teneur des états annexés.

BORDEREAU des sommes qui ont été employées dans les rôles acquittés avec les fonds de la caisse de la Société des Quinze-Vingts; quoique les ouvrages pour lesquels elles étoient dues, fussent uniquement relatifs à la construction des bâtimens rue de Richelieu, appartenans à MM. Kornmann personnellement.

PREMIER ETAT, à cause de la maçonnerie & des matériaux y relatifs.

Dans le rôle N°. 13, montant à trente-six mille cinq cent livres neuf sols quatre deniers, il a été compris & payé par la caisse des Quinze-Vingts, la somme de trois cent quatorze livres sept sols, à cause des ouvrages faits à la maison, rue de Richelieu, jusques & compris le sept Mai mil sept cent quatre-vingt-un, quoique cette somme fût pour le compte personnel de M. Kornmann, ci . . . . 314 l. 7 s.

314 7

Ci-contre............ 314 l. 7 f. d.

Dans celui N°. 17, montant à soixante-onze mille cent quatre-vingt-sept livres seize sols huit deniers, il a été compris *idem*, quoique pour compte dudit sieur Kornmann, à cause des ouvrages faits à la maison, rue de Richelieu, depuis le 8 Mai jusqu'au 4 Août suivant, cinq mille six cent trente-neuf livres trois sols dix den., ci.................................. 5639 3 10

Dans celui N°. 18, montant à soixante mille cinq cents livres douze sols dix deniers, il a été compris *idem*, quoique pour le compte dudit sieur Kornmann, à cause des ouvrages faits à la maison, rue de Richelieu, depuis le 4 Août jusqu'au premier Septembre, six mille quatre cent cinquante-trois livres six deniers, ci............. 6453   6

Dans celui N°. 19, montant à soixante-un mille neuf cent soixante-dix livres un denier, il a été compris *id.* quoique pour même compte, à cause desdits ouvrages, depuis le deux Septembre jusqu'au vingt-neuf *id.* six mille cinq cent quarante-trois livres un sol onze deniers, ci.... 6543 1 11

18949 13 3

De l'autre part ...... 18949 l. 13 f. 3 d.

Dans celui N°. 20, montant à cinquante-neuf mille quatre cent quatre-vingt-deux livres un sol six deniers, il a été compris *id.* quoique pour même compte, à cause desdits ouvrages, depuis le trente Septembre au vingt-sept Octobre, trois mille neuf cent trente-quatre livres onze sols deux deniers, ci 3934 11 2

Dans celui N°. 21, montant à cinquante mille cinq cent vingt-sept livres dix-sept sols trois deniers, il a été compris *id.* quoique pour même compte, à cause desdits ouvrages, du vingt-huit Octobre au vingt-quatre Novembre, trois mille neuf cent quarante-sept livres seize sols quatre deniers, ci 3947 16 4

Dans celui N°. 22, montant à quarante-neuf mille trois cent trente-huit livres deux sols trois deniers, il a été compris *id.* quoique pour même compte, à cause desdits ouvrages, du vingt-cinq Novembre au vingt-deux Décembre, deux mille sept cent vingt-trois liv. sept sols quatre deniers, ci 2723 7 4

Dans celui N°. 23, montant à

_____

29555 8 1

Ci-contre. . . . . 29555 l. 8 f. 1 d.
quarante-deux mille trois cent quatre-vingt-fept livres dix-huit fols deux deniers, il a été compris *id.* quoique pour même compte, à caufe defdits ouvrages, du vingt-trois Décembre mil fept cent quatre-vingt-un au dix-neuf Janvier mil fept cent quatre-vingt-deux, quatre mille cinquante-quatre livres dix-fept fols huit deniers, ci . 4054 17 8

Dans celui N°. 24, montant à quarante-un mille quatre cent douze livres dix-huit fols fix deniers, il a été compris *id.* quoique pour même compte, à caufe defdits ouvrages, du vingt Janvier mil fept cent quatre-vingt-deux au feize Février, fix mille cent cinquante-fept livres cinq fols, ci .. 6157 5

Dans celui N°. 25, montant à trente-neuf mille neuf cent cinquante-trois livres un fol dix deniers, il a été compris *id.* quoique pour même compte, à caufe defdits ouvrages du dix-fept Février au feize Mars 5602 3 4

Dans celui N°. 26, montant à cinquante-quatre mille huit cent foixante-trois livres un fol dix deniers, il a été compris *id.* quoique pour

45369 14 1

De l'autre part....... 45369 l. 14 f. 1 d.
même compte, à cause desdits ouvrages, du dix-sept Mars au treize Avril, dix mille trente-une livres huit sols deux deniers, ci........... 10031 8 2

Dans celui N°. 27, montant à cinquante-deux mille quatre cent soixante-trois livres quatre sols deux deniers, il a été compris *id.* quoique pour même compte, à cause desdits ouvrages, du quatorze Avril au onze Mai, quatre mille sept cent quarante-cinq livres sept sols quatre deniers, ci 4745 . 7 . 4

Dans celui N°. 28, montant à quarante-sept mille quatre cent dix-huit livres deux deniers, il a été compris *id.* quoique pour même compte à cause desdits ouvrages du douze Mai au huit Juin, deux cent soixante livres, ci 260

Et dans celui N°. 29, montant à *quarante* mille six cent soixante livres dix-neuf sols onze deniers, il a été compris *id.* quoique pour même compte, à cause desdits Ouvrages du neuf Juin au six Juillet, cinq mille trois cent soixante-neuf livres seize sols, ci 5369 16

TOTAL, soixante-cinq mille sept cent soixante-seize livres cinq sols sept deniers, ci..,........... 65776 5 7

DEUXIEME ÉTAT, à cause des sommes payées de la caisse des Quinze-Vingts aux différens Entrepreneurs de la maison, rue de Richelieu, tels que Charpentiers, Serruriers, Menuisiers, &c.

Dans le rôle N°. 18, montant à soixante mille cinq cents livres douze sols dix deniers, il a été porté en dépense au compte des Intéressés des Quinze-Vingts, une somme de deux mille livres, laquelle a été prélevée par M. Kornmann, & par lui distribuée aux Entrepreneurs de la maison, rue de Richelieu, ci . . . . . . 2000 l.

Dans celui N°. 21, montant à cinquante mille cinq cent vingt-sept livres dix-sept sols trois deniers, il a été porté en dépense une somme de deux mille livres, laquelle a été prélevée par M. Kornmann, & par lui distribuée aux Entrepreneurs de la maison, rue de Richelieu, ci 2000

Dans celui N°. 22, montant à quarante-neuf mille trois cent trente-huit livres deux sols trois deniers, il a été porté en dépense une somme de mille livres, laquelle a été prélevée par M. Kornmann, & par lui distibuée aux Entrepreneurs de la maison, rue de Richelieu, ci 1000

Dans celui N°. 24, montant à

5000

De l'autre part.......... 5000 l..
quarante-un mille quatre cent douze livres dix-huit fols fix deniers, il a été porté en dépenfe une fomme de deux mille livres, laquelle a été prélevée par M. Kornmann, & par lui diftribuée aux Entrepreneurs de la maifon, rue de Richelieu, ci....................... 2000

Dans celui N°. 26, montant à cinquante-quatre mille huit cent foixante-trois livres un fol dix deniers, il a été porté en dépenfe une fomme de cinq mille livres, laquelle a été prélevée par M. Kornmann, & par lui diftribuée aux Entrepreneurs de la maifon, rue de Richelieu, ci....... 5000

Dans celui N°. 27, montant à cinquante-deux mille quatre cent foixante-trois livres quatre fols deux deniers, il a été porté en dépenfe une fomme de fix mille livres, laquelle a été prélevée par M. Kornmann, & par lui diftribuée aux Entrepreneurs de la maifon, rue de Richelieu, ci... 6000

Dans celui N°. 28, montant à quarante-fept mille quatre cent dix-huit livres deux deniers, il a été porté en dépenfe une fomme de fix mille

18000

Ci-contre................. 18000 l.
livres, laquelle a été prélevée par M.
Kornmann, & par lui distribuée aux
Entrepreneurs de la maison, rue de
Richelieu, ci.................. 6000

Et dans celui N°. 29, montant à
quarante mille six cent soixante livres
dix-neuf sols onze deniers, il a été
porté en dépense une somme de trois
mille livres, laquelle a été prélevée par
M. Kornmann, & par lui distribuée
aux Entrepreneurs de la maison, rue
de Richelieu, ci.................. 3000

Total, vingt-sept mille livres, ci.... 27000

RÉCAPITULATION.

Premier état, soixante-cinq mille sept cent soixante-
seize livres cinq sols sept deniers, ci... 65776 l. 5 s. 7 d.

Deuxieme état, vingt-sept mille liv.,
ci............................. 27000

Total des sommes dont MM. Kornmann doivent faire compte à la caisse
de la Société des Quinze-Vingts,
quatre-vingt-douze mille sept cent
soixante-seize livres cinq sols sept
deniers, ci..................... 92776   5   7

Il est ainsi ès originaux desdits états étant ensuite l'un

de l'autre, certifiés véritables, signés, paraphés, & demeurés, comme dit est, annexés à la minute de l'acte, dont expédition est des autres parts ; le tout demeuré audit M^e. Aubert, Notaire. *Signé*, LAGRENÉE & AUBERT.

DE PAR LE PRÉVOT DE PARIS.

Vous le premier Huiſſier du Châtelet, ou autre Huiſſier ou Sergent Royal ſur ce requis; à la requête de Hector-Hiacinthe Seguin, ancien Tréſorier-Général de Monſeigneur le Duc de Chartres; François L'héritier de la Renardiere, Ecuyer, Avocat en Parlement; M. de Peſtre, Comte de Seneſt; & François Rouſſeau, Avocat en Parlement; tous Copropriétaires aſſociés des terreins & bâtimens de l'ancien enclos des Quinze-Vingts, tant pour eux que pour leurs Aſſociés abſens, Demandeurs & Complaignans, le Procureur du Roi joint; aſſignés à comparoir par-devant Nous au Cabinet criminel du Châtelet de Paris, les nommés Guillaume Kornmann, & Aphondiſe Carle, dit l'Eſpérance, dix-neuvieme témoin de l'information; pour être ouïs, interrogés, & répondre par leur bouche ſur les plaintes, charges & informations contre eux faites. De ce faire vous donnons pouvoir. Fait & ordonné au Châtelet de Paris le onze Mai mil ſept cent quatre-vingt-cinq. *Signé*, DIBARD, avec paraphe. Contrôlé & ſcellé.

L'AN mil ſept cent quatre-vingt-cinq, le vingt Mai, en vertu du décret décerné au Châtelet de Paris le onze du préſent mois, dûment ſigné & ſcellé; & à la requête de M. Hector-Hiacinthe Seguin, ancien Tréſorier de M. le Duc de Chartres, de M. le Comte de Seneſt, de M. François L'héritier de la Renardiere, de M. Rouſſeau, Avocat en Parlement, tant pour eux que pour leurs autres Coaſſociés, pour tous leſquels domicile eſt élu en la maiſon de M^e. Dubois, Avocat en la Cour & Procureur au Châtelet de Paris, y demeurant, rue Pavée, Paroiſſe Saint-André des-Arts: J'ai, Pierre-François de la Barre, Huiſſier à Verge au Châtelet de Paris, y demeurant, rue de la Montagne Sainte Géneviève, ſouſſigné, donné aſſignation au ſieur Guillaume Kornmann, ancien Banquier à Paris, y demeurant, rue de Carême-prenant, en ſon domicile, parlant à une femme qui n'a dit ſon nom, de ce ſommée; à comparoir d'hui à trois jours par-devant M. le Lieutenant-Criminel, en son Cabinet criminel au Châtelet de Paris, pour être ouï, interrogé, & répondre par sa bouche sur les plaintes, charges & informations contre lui faites ; déclarant que faute d'obéir à Justice, le décret d'assigné pour être ouï sera converti en décret d'ajournement personnel ; signifié que M^e. Dubois, Procureur des Demandeurs, occupera pour eux, sous toutes réserves de droit ; & je lui ai, en parlant comme dessus, laissé copie dudit décret & du présent. *Signé* DE LA BARRE ; & contrôlé.

L'AN mil sept cent quatre vingt-cinq, le vingt-trois Juin, à la requête de M. Hector-Hiacinthe Seguin, ancien Trésorier de M. le Duc de Chartres, de M. le Comte de Seneft, de M. François-L'héritier de la Renardiere, de Me Rousseau, Avocat en Parlement, tant pour eux que pour leurs autres Coassociés, pour tous lesquels domicile est élu en la maison de M^e. Dubois, Procureur au Châtelet, y demeurant, rue de Rohan, n°. 13 J'ai, Pierre-François de la Barre, Huissier à Verge au Châtelet de Paris, y demeurant, rue de la Montagne Sainte-Géneviève, soussigné, signifié & avec ces présentes donné itérativement copie au sieur Guillaume Kornmann, ancien Banquier à Paris, y demeurant, rue de Carême-prenant, en son domicile, parlant à une femme qui n'a dit son nom, de ce sommée ; du décret d'assigné pour être ouï, décerné audit Châtelet de Paris le onze du mois de Mai dernier, dûment signé & scellé, à ce que du contenu en icelui il n'ignore ; & même requête, demeure, & élection de domicile que dessus : J'ai, Huissier susdit & soussigné, en vertu dudit décret décerné au Châtelet de Paris, sudaté, dûment signé & scellé, comme dit est, donné assignation audit sieur Kornmann, à comparoir Lundi prochain, vingt-sept du présent mois, huit heures du matin, par-devant M. le Lieutenant-Criminel, en son Cabinet criminel audit Châtelet de Paris, pour être ouï, interrogé, & répondre par sa bouche sur les plaintes, charges & informations contre lui faites, lui déclarant que faute d'obéir à Justice, le décret d'assigné pour être ouï sera converti en décret d'ajournement personnel ; signifiant que ledit M^e. Dubois, Procureur des Demandeurs, occupera pour eux, sous toutes réserves de droit ; & je lui ai, en sondit domicile & parlant comme dessus, laissé copie dudit décret & du présent. *Signé* DE LA BARRE ; & contrôlé.

Hector-Hiacinthe Seguin, ancien Trésorier-Général de Monseigneur le Duc de Chartres ; François L'héritier de la Renardiere, Ecuyer, Avocat en Parlement ; M. de Pestre, Comte de Seneft ; & Me. François-Gaspard Rousseau, Avocat en Parlement, tous Copropriétaires associés des terreins & bâtimens de l'ancien enclos des Quinze-Vingts, tant pour eux que pour leurs Associés, Demandeurs & Complaignans, le Procureur du Roi joint.

Contre Louis Donet de Montigny, Maître Maçon à Paris.

Alphondise Carle, dit l'Espérance de Beziers, Commis de bâtimens.

Guillaume Kornmann, ancien Magistrat de la ville de Strasbourg.

Nous, ouï sur ce le Procureur du Roi en ses conclusions, & avant de procéder au Jugement définitif du Procès d'entre les Parties ; disons que les témoins ouïs ès charges & informations faites contre Louis Donet de Montigny, Alphondise Carle, dit l'Espérance, & le sieur Guillaume Kornmann, sur les plaintes contre eux faites à la requête des Complaignans, seront recolés sur leurs dépositions, &, si besoin est, confrontés auxdits Accusés : comme aussi que lesdits Accusés seront recolés chacun sur leurs interrogatoires, &, si besoin est, confrontés les uns aux autres ; pour ce fait & communiqué au Procureur du Roi, être par lui pris telles conclusions qu'il avisera bon être, & être par nous sur le tout jugé ce qu'il appartiendra. Jugé le premier Août mil sept cent quatre-vingt-cinq. *Signé* BACHOIS, ensuite CARRÉ. Contrôlé & scellé.

Au bas de l'interrogatoire subi par Guillaume Kornmann le vingt-sept Juin mil sept cent quatre-vingt-cinq, est l'ordonnance de M. le Lieutenant-Criminel, rendue sur conclusions du Procureur du Roi, du premier Août, présent mois, & portant entre autres choses : que les nommés Louis Donet de Montigny, Guillaume Kornmann, & Aphondise Carle, dit l'Espérance, seront de nouveau interrogés.

Extrait par moi Greffier criminel du Châtelet de Paris, soussigné, signé CARRÉ. Contrôlé & scellé.

L'AN mil sept cent quatre vingt-cinq, le vingtieme jour d'Août, en vertu de l'Ordonnance de Monsieur le Lieutenant-Criminel au Châtelet de Paris, du premier du préfent mois, portant que le ci-après nommé fera interrogé de nouveau, fignée Carré, & fcellée; & à la requête de M. Hector-Hiacinthe Seguin, de M. François L'héritier de la Renardiere, & autres Copropriétaires des terreins & bâtimens de l'ancien enclos des Quinze-Vingts, tant pour eux que pour leurs Coaffociés abfens, pour tous lefquels domicile eft élu en la maifon de Me. Dubois, Procureur au Châtelet de Paris, fife rue de Rohan, N° 23 : J'ai, Pierre-François de la Barre, Huiffier à Verge au Châtelet de Paris, y demeurant, rue de la Montagne Sainte-Géneviève, fouffigné, fait commandement & donné affignation au fieur Guillaume Kornmann, ancien Banquier à Paris, y demeurant, rue de Carême-prenant, en fon domicile, parlant à un Portier qui n'a dit fon nom, de ce fommé ; à comparoir par-devant M. le Lieutenant-Criminel au Châtelet de Paris, en fon Cabinet criminel audit Châtelet, Lundi prochain vingt-deux du préfent mois, fept heures précifes du matin, pour être de nouveau ouï, interrogé, & répondre par fa bouche fur les plaintes, charges & informations contre lui faites; lui déclarant, que faute d'obéir à Juftice, le décret d'ajourné pour être ouï fera converti en décret d'ajournement perfonnel ; fignifié que Me. Dubois, Procureur, occupera pour les Demandeurs complaignans ; & j'ai, au fufnommé, parlant comme deffus, donné copie tant de ladite Ordonnance que du préfent. Signé DE LA BARRE ; & contrôlé.

L'AN mil fept cent quatre-vingt-cinq, le vingt-troifieme jour d'Août, en vertu de l'Ordonnance de Monfieur le Lieutenant-Criminel au Châtelet de Paris, du premier du préfent mois, fignée Carré, & fcellée; à la requête de MM. Seguin, L'héritier de la Renardiere, & autres Copropriétaires de terreins & bâtimens compofant l'ancien enclos des Quinze-Vingts, tant pour eux que pour leurs Coaffociés abfens, pour tous lefquels domicile eft élu en la maifon de Me. Dubois, Procureur au Châtelet de Paris, y fife rue de Rohan, N°. 23 : J'ai, Pierre-François de la Barre, Huissier à Verge au Châtelet de Paris, y demeurant, rue de la Montagne Sainte-Géneviéve, Paroisse Saint-Etienne du Mont, soussigné, fait commandement & donné assignation au sieur Guillaume Kornmann, ancien Banquier à Paris, y demeurant, rue de Carême-prenant, en son domicile, parlant à un Portier qui n'a dit son nom, de ce sommé à comparoir demain Mercredi vingt-quatre du présent mois, sept heures du matin, par-devant Monsieur le Lieutenant-Criminel, en son Cabinet criminel au Châtelet de Paris, pour être recolé sur son interrogatoire, & confronté aux autres Accusés; sinon, & à faute de s'y trouver, protestant les sieurs susnommés de se pourvoir afin de l'y faire contraindre par toutes voies; déclarant que Me. Dubois, Procureur, occupera pour les Demandeurs complaignans ; & j'ai, audit sieur Kornmann, parlant comme dessus, donné & laissé copie, tant de ladite Ordonnance que du présent. *Signé* DE LA BARRE ; & contrôlé.

L'AN mil sept cent quatre-vingt-sept, le dix Mars, en vertu de l'Ordonnance rendue par Monsieur le Lieutenant-Criminel au Châtelet de Paris, sur les conclusions de M. le Procureur du Roi, le premier Août mil sept cent quatre-vingt-cinq, dûment signée & scellée en forme ; & à la requête du sieur Seguin, ancien Trésorier-Général de M. le Duc de Chartres ; du sieur François L'héritier de la Renardiere, Ecuyer, Avocat en Parlement ; de M. de Pestre, Comte de Senest ; & de Me. Rousseau, Avocat en Parlement, tous Copropriétaires des terreins & bâtimens de l'ancien enclos des Quinze-Vingts, Demandeurs complaignans, M. le Procureur du Roi joint ; tous demeurans à Paris, rue de Valois, en leur bureau des locations ; pour lesquels domicile est élu en la maison de Me. Dubois Procureur au Châtelet de Paris, sise rue de Rohan, lequel occupera : J'ai, Matthieu-Gilles-Dominique Fayel, Huissier à Verge au Châtelet de Paris, y demeurant, rue Neuve & Paroisse Saint-Merry, N°. 13, soussigné, donné assignation au sieur Guillaume Kornmann, Banquier, demeurant à Paris, rue de Carême-prenant, en son domicile, en parlant à sa personne ; à comparoît Lundi prochain douze du présent, huit heures du matin, & jours suivans, si besoin est, au Cabinet & par-devant M. le Lieutenant-Criminel au Châtelet de Paris, pour à l'égard des sieurs Kornmann, Carle & Montigny, Accusés, être recolés sur leurs interrogatoires, & confrontés les uns aux autres, ainsi qu'aux témoins en ce que besoin sera.

Et les témoins pour être recolés sur leurs dépositions, & confrontés auxdits Accusés : leur déclarant qu'ils seront payés de leurs salaires raisonnables ; & que faute de comparoir, ils seront gagés de l'amende & contraints ; & j'ai, audit sieur Kornmann, en parlant comme dessus, laissé copie tant de ladite Ordonnance que du présent. *Signé* FAYEL ; & contrôlé.

De l'Imprimerie de MOUTARD, Imprimeur-Libraire, rue des Mathurins, Hôtel de Cluni.

www.ingramcontent.com/pod-product-compliance
Lightning Source LLC
Chambersburg PA
CBHW060636050426
42451CB00012B/2630